BEI GRIN MACHT SICH IHR WISSEN BEZAHLT

AF137219

- Wir veröffentlichen Ihre Hausarbeit, Bachelor- und Masterarbeit

- Ihr eigenes eBook und Buch - weltweit in allen wichtigen Shops

- Verdienen Sie an jedem Verkauf

Jetzt bei www.GRIN.com hochladen und kostenlos publizieren

Bibliografische Information der Deutschen Nationalbibliothek:

Die Deutsche Bibliothek verzeichnet diese Publikation in der Deutschen National-bibliografie; detaillierte bibliografische Daten sind im Internet über http://dnb.d-nb.de/ abrufbar.

Impressum:

Copyright © 2018 GRIN Verlag
Druck und Bindung: Books on Demand GmbH, Norderstedt Germany
ISBN: 9783346137821

Dieses Buch bei GRIN:

https://www.grin.com/document/511756

Sophie Bergmann

Konzeption eines Interviewleitfadens zur Kundenbindung bei Abonnementzeitungen

GRIN Verlag

GRIN - Your knowledge has value

Der GRIN Verlag publiziert seit 1998 wissenschaftliche Arbeiten von Studenten, Hochschullehrern und anderen Akademikern als eBook und gedrucktes Buch. Die Verlagswebsite www.grin.com ist die ideale Plattform zur Veröffentlichung von Hausarbeiten, Abschlussarbeiten, wissenschaftlichen Aufsätzen, Dissertationen und Fachbüchern.

Besuchen Sie uns im Internet:

http://www.grin.com/

http://www.facebook.com/grincom

http://www.twitter.com/grin_com

Einsendeaufgaben

Konzeption eines Interviewleitfadens zur Kundenbindung bei Abonnementzeitungen

SRH Fernhochschule Riedlingen

Modul: Wissenschaftliches Arbeiten Vertiefung – qualitative Verfahren
Studiengang: Prävention und Gesundheitspsychologie (B.A.)

von
Sophie Bergmann

Inhaltsverzeichnis

Abbildungsverzeichnis

1. Konzeption eines Interviewleitfadens

Im empirischen Forschungsprozess kommt der Beschaffung von Informationen bzw. Daten eine zentrale Rolle zu. Es ist der zeitaufwendigste und meist kosten-intensivste Teil des Vorhabens, bei dem unterschiedliche Methoden der Daten-erhebung zum Einsatz kommen können. (Reinhardt & Ornau, 2015, S. 9)

Das Interview als mündliche Form der Befragung stellt dabei in der empirischen Sozialforschung die meist angewendete Erhebungsmethode dar. (Atteslander & Kneubühler, 1975, S. 9) Eine Sonderform bildet das Leitfadeninterview. Beim Leitfaden handelt es sich um eine schriftliche Ausarbeitung von Fragen, an dem sich der Interviewer orientiert. In der vorliegenden Arbeit wird mit Hilfe eines Leit-fadens das Konstrukt „Kundenbindung bei Abonnementzeitungen" bestimmt. Der Leitfaden ist im Anhang zu finden und kann später im Rahmen einer mündlichen Befragung im Face-to-Face-Interview eingesetzt werden.

1.1 Der empirische Forschungsprozess

Ziel einer wissenschaftlichen Untersuchung ist es, durch den Einsatz spezieller Methoden Erkenntnisse zu gewinnen bzw. beständiges Wissen zu generieren. Es handelt sich somit um einen Prozess des Problemlösens bzw. der Frage, wie man zu einer eindeutigen und gesicherten Antwort auf die wissenschaftliche Fra-gestellung gelangt. Mit Hilfe ausgewählter Datenerhebungsmethoden möchte man vom Ausgangszustand (einer Hypothese) in einen Zielzustand (geprüfte Aussage) gelangen. (Hussy, Schreier & Echterhoff, 2013, S. 5-6)

Die fünf Schritte und drei Phasen des Prozesses sind in Abbildung 1 dargestellt.

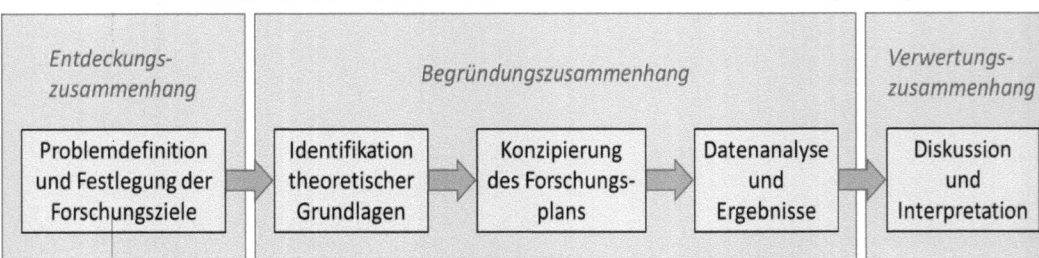

Abbildung 1: Phasen des empirischen Forschungsprozesses
(Quelle: Eigene Darstellung in Anlehnung an Reinhardt, 2013, S. 50)

Bei der Planung einer Untersuchung muss man sich unter Berücksichtigung des Forschungsgegenstandes bzw. der Art der Fragestellung für ein quantitatives oder qualitatives Vorgehen entscheiden. Dabei kommen beim quantitativen Ansatz objektiv messende und somit standardisierte Verfahren zum Einsatz, während in der qualitativen Forschung vor allem sinnverstehende bzw. unstandardisierte Verfahren angewendet werden. Zugleich werden beim quantitativen Ansatz bestimmte Parameter an einer großen Gruppe von Individuen exakt gemessen, beim qualitativen Verfahren hingegen soll eine intensive Untersuchung einzelner Fälle bzw. Individuen zu einer Aussage führen. Im qualitativen Ansatz können bspw. folgende Untersuchungsmethoden der Datenerhebung dienen: unstandardisiertes Interview, teilnehmende Beobachtung, Gruppendiskussion oder qualitative Inhaltsanalyse. Qualitative Untersuchungen kommen meistens zum Einsatz, wenn neue Forschungsfragen generiert oder neue Themengebiete erschlossen werden sollen. Sie sind weniger zur Überprüfung von Hypothesen und somit zum deduktiven Vorgehen geeignet. (Hussy, Schreier & Echterhoff, 2013, S. 9-10) Ein zentraler Aspekt in der qualitativen Forschung stellt eine gewisse Offenheit gegenüber der Erfahrung der untersuchten Personen dar. Dies bildet einen großen Unterschied zu quantitativen Untersuchungen, in denen generalisierbare Merkmale erforscht werden und weniger in die tiefen Strukturen der sozialen Realität eingegangen wird. Die beiden Ansätze schließen sich jedoch nicht aus, beide Untersuchungsmethoden haben ihre Möglichkeiten und Grenzen. (Mikos & Wegener, 2017, S. 10)

1.2 Interviewtechnik als Erhebungsmethode

Interviews lassen sich prinzipiell in nicht-standardisiert, halbstandardisiert und standardisiert einteilen. Während ein nicht-standardisiertes Vorgehen bspw. beim Experteninterview oder einer Gruppendiskussion vorliegt, ist das Leitfadeninterview dem halbstandardisierten Vorgehen zuzuordnen. Standardisiert hingegen sind Interviews mit dem höchsten Grad an Strukturiertheit und werden bspw. als Einzel- oder Gruppeninterviews geführt. Ziel eines methodisch gut angelegten Interviews ist es, die Befragten zu einer befriedigenden Antwort zu führen. (Reinhardt, 2013, S. 91)

1.2.1 Das Leitfadeninterview

Beim Leitfadeninterview wird in der Regel ein einheitlicher **Leitfaden** entwickelt und für sämtliche Befragungen im Rahmen des Forschungsprojektes verwendet. Er wird schriftlich festgehalten und der späteren Ausarbeitung des Forschungsprojektes als Anhang angefügt. (Helfferich, 2014, S. 565)

Dabei sind im **Aufbau des Leitfadens** bestimmte Eckpunkte zu beachten. Dem eigentlichen Leitfaden vorangestellt sind dessen Titel und Auftraggeber, sowie einführende/formelle Fragen zum Einstieg. (Reinhardt & Ornau, 2015, S. 17) Es geht in diesem ersten Abschnitt darum, den Forschungsgegenstand und den Grund der Befragung zu erläutern. Dabei sollte sich der Interviewer bei seinem Gesprächspartner für die Bereitschaft der Teilnahme bedanken. Ziel dieser Eingangssituation ist es, den Befragten zu motivieren und mit dem Ablauf vertraut zu machen. Anschließend werden Hinweise zum Datenschutz erläutert und der Befragte wird gebeten, eine entsprechende Erklärung zu unterzeichnen.

Zu Beginn des Gespräches wird der Befragte zudem darauf hingewiesen, sich so offen wie möglich zu äußern – somit lässt sich ein breites Antwortspektrum generieren. (Helfferich, 2014, S. 566-567) Im nun folgenden, formalen Teil werden persönliche Angaben erfasst. Aus den entsprechenden Daten wie bspw. Alter, Beruf, Familienstand lassen sich bei der Analyse ggfs. weitere Rückschlüsse auf die Nutzung des Abonnements und mögliche Zielgruppen ziehen. Die zusätzliche Aufzeichnung von Datum, Uhrzeit und Ort dient der Übersichtlichkeit in der Datensammlung.

Nach dem formellen Teil beginnt mit dem speziellen Teil die Fokussierung auf den Forschungsgegenstand. Der Hauptteil besteht aus mehreren offenen Fragen oder Erzählaufforderungen bzw. aus einer Kombination der beiden Formen (Helfferich, 2014, S. 565). Beim Leitfadeninterview sind die Reihenfolge, sowie die Art der Fragen somit schriftlich festgehalten und dienen als Orientierungshilfe für die Durchführung. Die Fragen werden dabei im Vorfeld festgelegt und in Themengruppen zusammengefasst. (Reinhardt & Ornau, 2015, S. 17) Dabei werden aus definierten Dimensionen unterschiedliche Kategorien gebildet. Diese wiederum splitten sich in entsprechende Indikatoren auf. Zur Messung des geplanten Konstrukts kommt im Rahmen dieser Forschungsarbeit die Operationalisierung von Rogall zum Einsatz. (Rogall, 2000, S. 150–152)

Bevor der konzipierte Leitfaden zum „realen" Einsatz kommt, sind im Vorfeld so genannte **Pretests** notwendig. Hiermit möchte man die Gefahr für Probleme im späteren Verlauf vermeiden bzw. deren Auftretenswahrscheinlichkeit verringern. Diese können z.B. in der Befragungsdauer, der Antwortvariation, dem Verständnis der Fragen und möglichen Effekten der Fragereihenfolge liegen. Wenn die Pretests inkl. eventueller Nachjustierungen im Leitfaden abgeschlossen sind, kann die Befragung der ausgewählten Interviewpartner beginnen.

Das Interview selbst sollte dabei von einigen **Verhaltensregeln** bestimmt sein. So ist neben der Orientierung am Leitfaden auch das Auftreten des Interviewers von zentraler Bedeutung. Das Gespräch sollte von aktivem Zuhören und gesprächsgenerierenden Beiträgen geprägt sein. Es liegt in der Verantwortung des Interviewers, das Gespräch im Fluss und das Thema im Fokus zu halten. (Reinhardt & Ornau, 2015, S. 20) Neben dem Leitfaden an sich kommt der Gestaltung der **Interviewsituation** bzw. dem Setting ebenfalls eine zentrale Rolle zu. Im Interviewgespräch entsteht ein asymmetrisches und komplementäres Rollenverhältnis – es handelt sich um eine Kommunikationssituation, bei der interaktiv Daten erzeugt werden. Im Gesprächsverlauf gehen der Interviewende und der Befragte wechselseitig aufeinander ein und produzieren dabei einen Text, der im Nachgang der Auswertung zu Grunde gelegt wird. (Helfferich, 2014, S. 559-561) Mit leitfadengestützten Interviews lassen sich **qualitative Daten** erzeugen. Hierbei bildet der so genannte Leitfaden als zentrales Dokument die Führung im Gesprächsverlauf. Nach dem Gespräch liegen qualitative Daten in Textform vor. Diese lassen sich mit hermeneutischen, inhaltsanalytischen Verfahren auswerten. Beim halbstandardisierten Vorgehen ist eine rein quantitative Auswertung, wie sie beim standardisierten Vorgehen durchführbar ist nicht ein zu eins abbildbar. (Reinhardt, 2013, S. 92)

Die **Analyse** von standardisierten Interviews mit offenen Fragen gestaltet sich sehr aufwendig. Offene Fragen sind solche, bei denen es keine festen Antwortvorgaben gibt. Dem Interviewten ist es dabei gänzlich überlassen, wie ausführlich er in seinen eigenen Worten antwortet. Sinnvoll sind offene Frage zur Motivation und zur Informationsgewinnung auf neuen Forschungsfeldern. Der Befragte muss hohe kognitive Fähigkeiten aufweisen, da er die Antworten in eigenen Worten formulieren und den Kern der Aussage verbalisieren muss. (Züll & Menold, 2014, S. 713-715)

1.2.2 Die Stichprobenauswahl

Im empirischen Forschungsprozess werden zum Erkenntnisgewinn in Bezug auf den entsprechenden Forschungsgegenstand Erfahrungen gesammelt und die Daten ausgewertet, um sie anschließend zu verallgemeinern. Hierbei steht eine unendliche Vielzahl von möglichen Probanden und Daten zur Verfügung. Daher nimmt das Thema der Stichprobenziehung bzw. Sampling eine entscheidende Rolle in der qualitativen Forschung ein. Von Beginn an, d.h. ab dem Festlegen der Forschungsfrage muss über die Auswahl der Erhebungseinheiten nachgedacht werden. Es muss geklärt sein, wie die Fallpopulation ausgewählt wird und wie man an diese herantritt. (Akremi, 2014, S. 265-267) Um zu repräsentativen Ergebnissen zu gelangen, ist die Auswahl der Interviewpartner von entscheidender Bedeutung. Hierbei muss man sich zunächst die Frage stellen, welche Personen oder Personengruppen über die benötigten Informationen verfügen. (Reinhardt, 2013, S. 91)

Im Falle einer Kundenzufriedenheitsumfrage einer Zeitung trifft dies auf die Abonnementkunden und eventuell auch ehemalige Kunden zu. Nur Sie können Auskunft über die Zufriedenheit mit der ausgewählten Zeitung geben, die Thema des Interviews ist. Hier gilt es, eine möglichst vielfältige Gruppenzusammensetzung zu erlangen, d.h. eine Stichprobe mit einem möglichst breiten Spektrum an Eigenschaften und Merkmalen wie Alter und sozialem Status anzusprechen. Das Ziel einer wissenschaftlichen Studie liegt darin, Rückschlüsse von den Untersuchungsergebnissen der Stichprobe auf die Grundgesamtheit zu ziehen. Konkret ist bei der Vorliegenden Erhebung bspw. eine Stichprobengröße von 20 Personen denkbar. Es sollten im Rahmen eines selektiven Samplingvorgangs Abonnenten und Kunden sämtlicher Altersstufen, Geschlechter und mit unterschiedlicher Abonnement-Dauer befragt werden. Hat man nun eine große Gruppe an potentiellen Kandidaten für das Leitfadeninterview ausgewählt, so stellt sich die Frage, wer am ehesten bereit ist, an der Befragung teilzunehmen. Zu beachten ist dabei, welche Personenkreise aus Zeit- und Kostengründen für ein Leitfadeninterview in Frage kommt. (Reinhardt, 2013, S. 91)

So ist es berufstätigen Personen ggf. schlechter möglich, an einem zeitaufwendigen Face-to-Face-Interview teilzunehmen, Rentnern hingegen schon. Hier liegt jedoch zugleich die große Gefahr darin, dass Verzerrungen in der Zusammensetzung der Gruppe entstehen. Somit sollte es möglichst vielfältig versucht werden, den Personen eine Teilnahme zu ermöglichen.

1.2.3 Die Auswahl der Fragen

Mit der **Art der Frage** bzw. ihrer Konstruktion nimmt man entscheidenden Einfluss auf ihre Wirkung. Man unterscheidet zwei bzw. drei Arten: die offene, die geschlossene und die alternative Frageform. Letztere ist eine Sonderform der geschlossenen. Geschlossene Fragen zielen auf eine Ja- oder Nein-Antwort des Interviewten ab. Sie beginnen üblicherweise mit einem Verb und lassen wenig Spielraum für ausführliche Antworten. Mit dieser Art der Frage wird psychologisch eine Art Druck ausgeübt, indem man den Gesprächspartner zum Befragten macht. Ziel ist weniger der Gewinn von völlig neuen Informationen, sondern das Herbeiführen einer direkten Entscheidung ("Entscheidungsfrage"). Sie dienen somit dem direkten Herbeiführen von Entscheidungen oder man verwendet sie als Rückfrage, um sich in Form des aktiven Zuhörens zu versichern, die zuvor getroffene Aussage des Befragten richtig verstanden zu haben. Die Frageform sollte daher nur sehr zielgerichtet und sparsam zum Einsatz kommen. Möchte man jedoch tatsächlich neue Informationen gewinnen, sollte man die Form der offenen Fragen verwenden. Hierdurch wird der Befragte dazu verleitet, detaillierter zu berichten. Offene Fragen beginnen üblicherweise mit "W-Wörtern". Durch ausführliche Antworten lassen sich so neue Details erfahren. Demgegenüber besteht bei dieser Frageform jedoch das Risiko, dass Antworten zu ausführlich gegeben werden und irrelevante Themen vom Befragten angesprochen werden. Der Interviewer hat somit nicht mehr die volle Kontrolle und Einfluss über den Verlauf des Gespräches. (Patrzek, 2017, S. 13-14) Offene Frageworte selbst lassen sich je nach Fokus kategorisieren und sind beispielhaft in Abbildung 2 dargestellt.

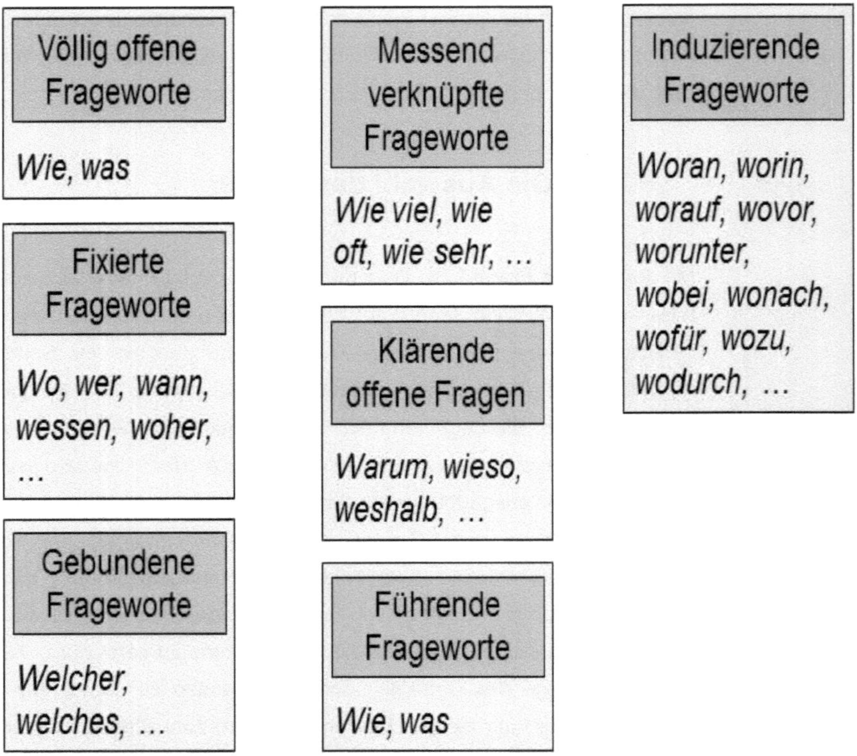

Völlig offene Frageworte	Messend verknüpfte Frageworte	Induzierende Frageworte
Wie, was	*Wie viel, wie oft, wie sehr, ...*	*Woran, worin, worauf, wovor, worunter, wobei, wonach, wofür, wozu, wodurch, ...*
Fixierte Frageworte	**Klärende offene Fragen**	
Wo, wer, wann, wessen, woher, ...	*Warum, wieso, weshalb, ...*	
Gebundene Frageworte	**Führende Frageworte**	
Welcher, welches, ...	*Wie, was*	

Abbildung 2: Fokus offener Frageworte
(Quelle: Eigene Darstellung in Anlehnung an Patrzek, 2017, S. 15)

Alternative Fragen sind Varianten von geschlossenen Fragen, hierbei werden mehrere Antwortoptionen bereits in der Fragestellung mitformuliert und bieten damit mehr Spielraum als geschlossene Fragen. Hiermit lässt sich das Spektrum der Antwortmöglichkeiten ausweiten, empfohlen wird jedoch maximal drei bis vier Alternativen in einer Frage anzubieten, um den Befragten nicht zu überfordern. (Patrzek, 2017, S. 18)

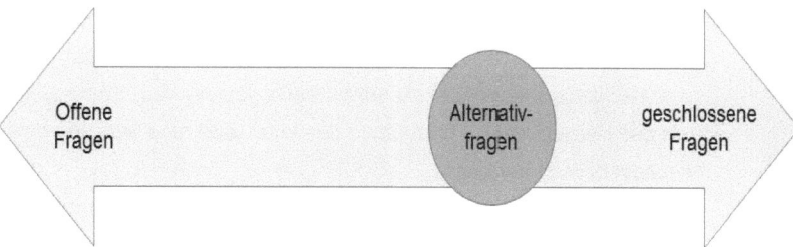

Abbildung 3: Einordnung der Frageformen
(Quelle: Eigene Darstellung in Anlehnung an Patrzek, 2017, S. 19)

Das Vorgehen Mittels halbstandardisiertem Interview bietet dem Interviewten die Möglichkeit der Nachfrage, wenn Unklarheiten bestehen oder weitere Details notwendig sind. Der Interviewer sollte im Optimalfall geschult sein, damit er das Interview lenken kann. d.h. bei zu ausführlichen/ausschweifenden Antworten den Befragten wieder zum Thema zurückführen und bei zu kurzen Antworten ggf. nachfassen. Vergleicht man die Methode bspw. mit einem standardisierten Fragebogen, so ist die leitfadengestützte Interview-Methode mit deutlich mehr Zeitaufwand verbunden. Die Face-to-Face-Anwendung bietet für einen erfahrenen Interviewer zum einen die Möglichkeit, direkt mimische Reaktionen des Gegenübers wahrzunehmen und auf der anderen Seite kann der Befragte auch gehemmt sein, bspw. negative Aspekte oder Beschwerden zu thematisieren. Die Auswahl und Reihenfolge der Fragen sollten gut geplant werden. Der Interviewte sollte dabei zu Beginn des Gesprächs über die Freiwilligkeit, den Umfang, das Ziel und den Aufbau informiert werden. Während den Fragen sollten Fremdwörter und überfordernde Fragen vermieden werden.

Entsprechend wurde der **anhängige Interviewleitfaden** konzipiert. Die konkrete Auswahl der Fragen beinhaltet bei diesem Projekt hauptsächlich offene Fragen, die teilweise durch alternative Fragen ergänzt werden. Einzelne Erzähl-Aufforderungen (bspw. auch bei der Einstiegsfrage im speziellen Teil) sollen den Interviewten dabei in einen Erzählfluss bringen. Im Gesprächsverlauf stellt der Interviewer die Fragen und nennt ggf. Stichpunkte zu den jeweiligen Themen. Mit dem Stellen der vielen offenen Fragen soll dem Interviewten die Möglichkeit gegeben werden, seine Antwort zu begründen und näher auszuführen. Zu Beginn einer jeden neuen Dimension wird der Befragte zudem darauf hingewiesen, auf welches Themenfeld sich die nun folgenden Fragen beziehen. Damit bilden sie die

Grundstruktur des speziellen Teils und sind durch Rahmen optisch voneinander abgehoben. Die Dimensionen werden nacheinander behandelt, wobei diejenige der „Kundenzufriedenheit" als letzte Frage gestellt wird. Es handelt sich hierbei um das Kernelement und im Laufe des Interviews eine Meinung beim Befragten gebildet bzw. gefestigt hat.

Im Schlussteil wird der Interviewte gefragt, ob es noch offene Punkte oder Aspekte gibt und darauf hingewiesen, dass er diese auch unter den angegebenen Kontaktmöglichkeiten nachreichen kann. Der Interviewende sollte sich erneut beim Befragten für das Interview bedanken und verabschieden.

2. Verzerrungen im Interview

Bei Interviewsituationen kommt es stets zu komplexen sozialen Interaktionen. Hierbei können im Verlauf des Gespräches unterschiedliche – bewusst oder unbewusst erzeugte – Verzerrungen auftreten. Es handelt sich dabei um Verfälschungen des Untersuchungsergebnisses, die durch den Interviewer oder den Befragten hervorgerufen werden. Die Tatsache, dass es sich be einem Interview um eine soziale Situation handelt, unterscheidet es von den meisten anderen Datenerhebungsverfahren. Es gibt unterschiedliche Interaktionseffekte, die in dieser kommunikativen Situation in verschiedener Ausprägung auftreten können und somit Möglichkeiten der Verzerrung bieten. (Möhring & Schlütz, 2010, S. 41) Einheitliche Kriterien für ein fehlerfreies Interview (= Hervorbringen der „wahren" Antworten des Befragten) sind schwer zu stellen, da diese meist unbekannt sind. Auch sind die Verzerrungen nicht immer eindeutig einem der beiden Gesprächspartner zuzuordnen, da sie sich teilweise spiegeln bzw. gegenseitig bedingen. Wie in jeder Gesprächs-/Kommunikationssituation liegen demnach im Interview wechselseitige Einflussfaktoren zu Grunde. (Bortz & Döring, 2006, S. 246), sie sind in Abbildung 4 dargestellt.

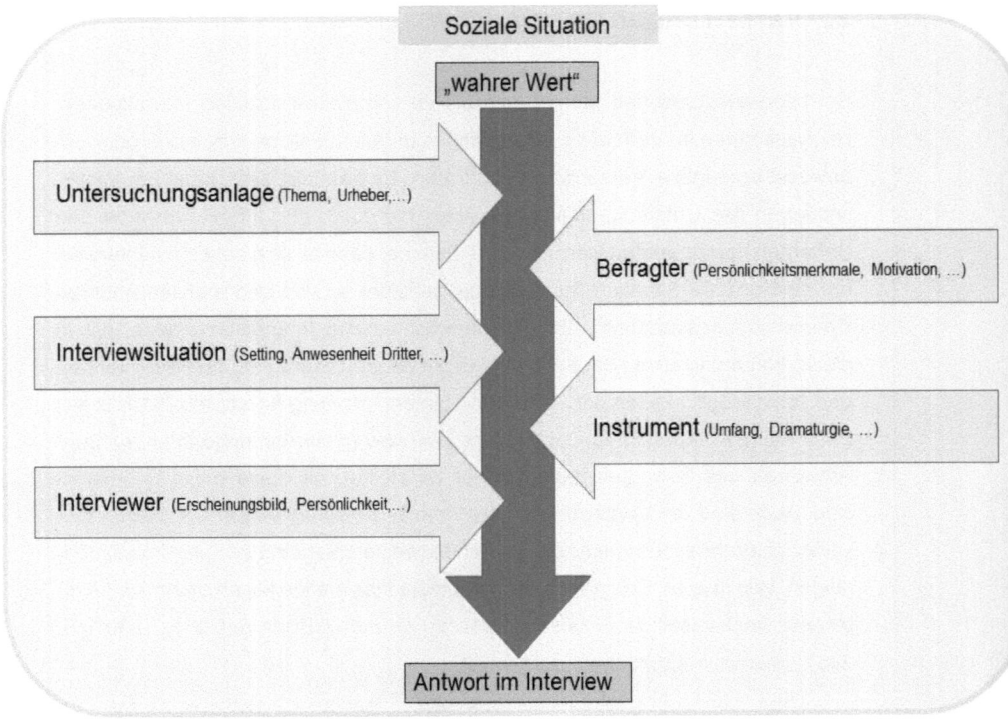

Abbildung 4: Einflüsse auf Antworten im Interview

(Quelle: Eigene Darstellung in Anlehnung an Möhring & Schlütz, 2010, S. 42)

2.1 Verzerrungen durch den Interviewer

Das menschliche Denken folgt bestimmten Strukturen und Schemata, zudem ist die Kapazität dessen, was an Informationen aufgenommen und verarbeitet werden kann, begrenzt. In der Interviewsituation kann es daher beim Beobachten und Bewerten seitens des Interviewenden zu **Beobachtungsfehlern** kommen. Je weniger stark ein Interview strukturiert ist, desto häufiger treten solche Verzerrungen auf. Hierzu zählen Effekte, die auf einer zu frühen Eindrucks- und Erwartungsbildung basieren. Interviewer tendieren dazu, ihre Entscheidung und Bewertung zu einem zu frühen Gesprächszeitpunktes zu treffen. Hierbei spielt auch das **Phänomen des ersten Eindrucks** eine wichtige Rolle. Der erste Eindruck, den der Interviewende vom Befragten erlangt, wird sich während des gesamten Gespräches inkl. Nachbereitung auf die Bewertung auswirken. Diese vorab gebildete Meinung bzw. Erwartung beeinflusst nicht nur das Verhalten des Interviewenden sondern kann dadurch auch auf den Befragten spiegeln – wodurch dieser evtl. zu deren Erfüllung bewegt wird. (Strobel, Franke-Bartholdt, Püttner & Kersting, 2018, S. 79–80)

Es ist unbestritten, dass der Interviewer mit seinem **Auftreten und Verhalten** die Antworten des Befragten und somit das Ergebnis der wissenschaftlichen Arbeit entscheidend beeinflussen kann. Bereits das äußere Erscheinungsbild, das Auftreten und die Erwartungshaltung des Interviewers können Einfluss auf die Aussagen des Befragten nehmen, ohne dass sich der Interviewer darüber bewusst ist. (Bortz & Döring, 2006, S. 246) Um ergiebige und valide Daten vom Befragten zu bekommen, die der Realität möglichst nah sind ist vor allem nur die **Auswahl der Fragen** von zentraler Bedeutung. Hierbei können unterschiedliche Effekte entstehen, die zum einen dem Interviewer als Ersteller des Fragebogens, auf der anderen Seite jedoch auch dem Befragten zugeordnet werden können. Bei der Konzeption des Fragebogens kann es auf Grund der Reihenfolge der Fragen zu **Ausstrahlungseffekten** kommen, d.h. dass eine Frage auf die nächste überstrahlt. Es entstehen inhaltliche Verknüpfungen zwischen zwei Sachverhalten, die die Antworten beeinflussen können. Der Befragte produziert hierbei eine affektive Verknüpfung von zwei Sachverhalten, die eigentlich separat voneinander zu betrachten sind. (Brosius, Haas & Koschel, 2012, S. 86-87)

Von **Kontrasteffekten** spricht man, wenn die Formulierung der Frage eine bestimmte Antwort nahelegt. D.h. wenn man bspw. nach der Meinung des Interviewten von vor einem Jahr fragt und nun die aktuelle Meinung damit vergleichen möchte, fühlt sich der Befragte in der Situation, dass er konträr antworten muss. (Brosius, Haas & Koschel, 2012, S. 87)

2.2 Verzerrungen durch den Befragten

Ein weiteres Phänomen, dass das Antwortverhalten von Interviewten beeinflusst, ist der Effekt der **sozialen Erwünschtheit**. Befragte äußern nur ungern eine Meinung, die sozial vermeintlich nicht akzeptiert ist, d.h. die nicht der Masse zuzuordnen ist. Diese Effekte lassen sich teilweise durch die Frageformulierung vermeiden, so kann man bspw. Bezug auf das soziale Umfeld des Befragten nehmen, in dem man das Thema anhand von Projektionsfragen aufgreift. So wird der Versuch unternommen, dass der Befragte eine soziale Gruppierung repräsentiert und über diese eher Auskunft gibt, als nur über sich. (Brosius, Haas & Koschel, 2012, S. 88) Interviewte Personen haben generell die Tendenz, während der Befragung besonders kompetent wirken zu wollen. Sie möchten im Gesprächsverlauf ein möglichst stimmiges Bild von sich vermitteln und möglichst gut dastehen. Dieses Phänomen wird als **Konsistenzeffekt** benannt. (Brosius, Haas & Koschel, 2012, S. 87)

So genannte **"Non-Opinion-Effekte"** treten auf, wenn Befragte zu einem bestimmten Thema eigentlich keine Meinung haben, sich aber im Rahmen eines Interviews verpflichtet fühlen, spontan eine Meinung zu bilden. Diese Daten sind dann nicht belastbar, sondern aus einem Impuls heraus entstanden. Es werden Artefakte produziert, die es zu vermeiden gilt. Eine weitere Verzerrung kann dadurch entstehen, dass der Interviewende zu einer **Bestätigungstendenz** neigt, d.h. er nimmt nur diejenigen Informationen wahr, die sein im Vorfeld konstruiertes Bild bestätigen. Die so genannten **Selbstdarstellungsstrategien** basieren darauf, dass der Interviewte einen guten Eindruck im Gespräch hinterlassen möchte. Je nach Grad der Selbstdarstellung werden Informationen entweder übertrieben dargestellt oder erfunden. Eine Fehlerquelle beim Interviewten kann in seiner zu dominanten Selbstdarstellung liegen. Vor allem im Face-to-Face-Interview möchte sich der Befragte möglichst gut präsentieren. (Strobel et al., 2018, S. 79–80) Werden in einem Interview mehrere Antwortmöglichkeiten vorgegeben, besteht die Gefahr für so genannte **"Primacy-/Recency-Effekte"**. Sie können dann auftreten, wenn eine Liste mit mehreren Antwortmöglichkeiten präsentiert wird. Auf Grund der Fülle an Begriffen oder Überforderung wählt der Befragte die erste (Primacy-Effekt) oder die letzte (Recency-Effekt) Antwortmöglichkeit. Diese Effekte können massive Auswirkungen auf die Daten (-qualität) haben und sollten vermieden werden. (Brosius, Haas & Koschel, 2012, S. 88-89)

2.3 Vermeidung von Verzerrungen

Einer der größten Fehlerquellen bei der Durchführung qualitativer Interviews liegt in der Tatsache, dass Erwartetes vom Interviewer vorgegeben wird und er hierfür eine Bestätigung sucht. Hierzu ist es wichtig, eine **größtmögliche Offenheit** zu gewährleisten. D.h. der Interviewte soll den Raum bekommen, zu sagen, was er sagen möchte und der Interviewende sollte nicht seinen eigenen Horizont als Maß aller Dinge sehen, sondern für die Ansichten des Interviewten offen sein. Ein größtmöglicher Grad an Offenheit beider Gesprächspartner stellt daher das Optimum dar, lässt sich jedoch nie vollständig umsetzen. Zum einen wird der Interviewende immer Miterzeuger der Antworten des Befragten sein und damit in irgendeiner Weise Einfluss nehmen. Es findet unweigerlich eine soziale Interaktionssituation statt, in der Einschränkungen im Grad der Offenheit des Befragten selbstverständlich sind. Zudem würde der Verzicht auf jegliche Strukturierung des Interviews nicht sinnvoll sein. Schon allein Formalia wie die Ankündigung des Forschungsvorhabens, deren Ziel etc. nehmen indirekt Einfluss auf die späteren Äußerungen des Befragten. (Helfferich, 2014, S. 552)

Trotz aller Bemühungen kann es dem Interviewer nicht gelingen, die Gesprächssituation vollständig zu standardisieren. Während der Fragebogen bzw. Leitfaden standardisiert werden kann und soll, lässt sich dies bei der Person und dem Verhalten des Interviewers nicht umsetzen. (Möhring & Schlütz, 2010, S. 41) Prinzipiell lässt sich jedoch feststellen, dass ein optimaler Interviewer geschult sein und bestimmte Fähigkeiten mitbringen sollte. Er muss auf der einen Seite das Interview aufmerksam verfolgen, auf der anderen Seite dies jedoch nicht zu subjektiv werten. Bringt der Interviewer folgende Kenntnisse und Fähigkeiten mit, so lassen sich die Interviewereffekte verringern bzw. vermeiden: (Bortz & Döring, 2006, S. 246-248)

a) *Inhaltliche Kenntnisse* (Kompetenz bzgl. dem Forschungsgegenstand/Forschungsfrage)

b) *Aufbau des Fragebogens* (Kenntnis über Logik und Aufbau des Fragebogens)

c) *Dokumentation der Antworten* (Interviewer muss in der Lage sein, die Antworten neutral zu dokumentieren)

d) *Umgang mit Verweigerungen* (Vertrautheit mit Regeln)

e) *Probeinterviews* (Pretests und Übung im Vorfeld)

Im Optimalfall sollte der Interviewer somit seine persönliche Einschätzung und Meinung zurücknehmen und keinesfalls emotional agieren. Er muss sich flexibel, professionell und offen in die Situation einbringen. In dem er sich im Vorfeld auch die Verzerrungen, die auf Seite des Befragten entstehen können, bewusst macht, können diese durch eine gute Vorbereitung verhindert bzw. minimiert werden.

Ausstrahlungseffekte können bspw. vermieden werden, wenn man entsprechend anfällige Fragen mit Abstand voneinander positioniert bzw. durch Fragen mit anderen Themeninhalten abpuffert. (Brosius, Haas & Koschel, 2012, S. 86-87) Eine mögliche Maßnahme zur Vermeidung von **Konsistenzeffekten** stellt das direkte Ansprechen der Problematik zu Beginn des Interviews dar. Der Interviewte soll bewusst offen und spontan antworten und sich dabei keine Gedanken darüber machen, welches Bild er abgibt. Bei **Kontrasteffekten** hingegen ist ebenfalls eine Entzerrung der Fragenposition im Leitfaden eine Option der Vermeidung. (Brosius, Haas & Koschel, 2012, S. 87) Eine mögliche Maßnahme zur Reduzierung bzw. Aufhebung der **"Primacy-/Recency-Effekte"** ist es, bei einer ausreichend großen Stichprobe die Antwortmöglichkeiten in einer unterschiedlichen Reihenfolge zu präsentieren, sodass der Effekt sich aufhebt. (Brosius, Haas & Koschel, 2012, S. 88-89) Ein Weg um **"Non-Opinion-Effekte"** zu vermeiden, könnte sein, sich an das Thema heranzutasten und den Interviewten zunächst zu fragen, ob sich mit der Materie bereits schon einmal beschäftigt hat. Generell sind Fremdworte und unbekannte Themen im Interview zu vermeiden.

3. Gütekriterien in der qualitativen Forschung

Mit der qualitativen Forschung ist in der Sozialwissenschaft eine sinnverstehende, interpretative wissenschaftliche Vorgehensweise bei der Erhebung und Interpretation sozialrelevanter Daten gemeint. (Hussy, Schreier & Echterhoff, 2013, S. 20) Dbei trifft man wiederkehrend auf die Frage, wie sich subjektive Sichtweisen bzw. Alltagswissen verlässlich ermitteln lassen und wie diese eine ausreichende Gültigkeit erlangen. (Flick, 2014, S. 412) Im Gegensatz zur quantitativen existiert in der qualitativen Forschung jedoch keine einheitliche Definition der Gütekriterien.

3.1 Stellenwert der Gütekriterien

Nicht jede empirische Untersuchung lässt sich als wissenschaftlich bezeichnen, sondern es müssen dafür bestimmte Kriterien erfüllt sein. Während man die Wissenschaftlichkeit empirischer Untersuchungen in der quantitativen Forschung an den klassischen Gütekriterien Objektivität, Reliabilität und Validität überprüfen kann, so lässt sich dies nicht automatisch auf die qualitative Forschung übertragen. Bei qualitativen Untersuchungen sind Diskussionen um solche Bewertungsmaßstäbe erst in den neunziger Jahren aufgekommen. (Hussy, Schreier & Echterhoff, 2013, S. 23-25) Aktuell lässt sich noch nicht mit Sicherheit sagen, ob es in der qualitativen Forschung in naher Zukunft eine Verständigung auf einheitliche Kriterien geben wird – zudem ist nicht auszumachen, ob dies unter Berücksichtigung der Diversifizierung in der qualitativen Forschung sinnvoll und wünschenswert ist. Als Anspruch an die qualitative Forschung können jedoch prinzipiell folgende Aspekte gestellt werden: (Flick, 2014, S. 422)

a) Begründung der Methodenwahl

b) Explikation der Vorgehensweise

c) Benennung der Ziel- und Qualitätsansprüche

d) Transparente Darstellung des Vorgehens

Gütekriterien sind in der wissenschaftlichen Forschung von essentieller Bedeutung. Ihre Darlegung bedeutet ein Grundverständnis über Zielorientierung, Leitlinien, Leistungsanforderungen und Bewertungsmaßstäbe von Wissenschaft. Einen Konsens über angemessene Gütekriterien zu suchen ist notwendig, um die qualitative Sozialforschung langfristig zu stärken und zu professionalisieren. (Strübing, Hirschauer, Ayaß, Krähnke & Scheffer, 2018, S. 83-84)

Aktuell besteht in der Wissenschaft Uneinigkeit darüber, ob in der qualitativen Sozialforschung Gütekriterien in Anlehnung zu denjenigen der quantitativen Forschung zum Einsatz kommen sollen, die Entwicklung neuer Kriterien sinnvoll erscheint oder auf Grund der Diversifikation keine Gütekriterien in der qualitativen Forschung etabliert werden sollen. (Flick, 2014, S. 411)

3.2 Ausgewählte Gütekriterien

Aus den unterschiedlichen Zielsetzungen und Vorgehensweisen zwischen der quantitativen und qualitativen Forschung resultieren in unterschiedlichen Möglichkeiten für Beurteilungskriterien. Beispiele hierfür sind die Verfahrensdokumentation, die kommunikative Validierung, die Triangulation, die argumentative Interpretationsabsicherung und die Regelgeleitetheit. (Hussy, Schreier & Echterhoff, 2013, S. 23-25)

3.2.1 Verfahrensdokumentation

In der Sozialforschung sind bestimmte Datenerhebungsmethoden für spezielle Fragestellungen entwickelt. Damit der gesamte Forschungsprozess jedoch für alle anderen nachvollziehbar bleibt, müssen die ausgewählten Vorgehensweisen ausführlich dokumentiert sein. Diese **Verfahrensdokumentation** ist besonders im Hinblick auf die Auswahl des Analyseinstrumentariums, der Durchführung und Auswertung der Datenerhebung, sowie die Explikation des Vorverständnisses von zentraler Bedeutung. (Hussy, Schreier & Echterhoff, 2013, S. 25) Mit einer hohen Transparenz in der Vorgehensweise soll nachvollziehbar gemacht werden, welche methodischen Entscheidungen im Rahmen des Forschungsprozesses getroffen wurden. Eine möglichst vollständige Forschungsdokumentation ist hierbei sehr hilfreich. Daran wird festgehalten, warum die entsprechende Methode ausgewählt wurde und wie im Prozess vorgegangen wurde. (Flick, 2014, S. 420-421)

3.2.2 Kommunikative Validierung

Immer wieder gibt es Ansätze, das klassische quantitative Gütekriterium der **Validierung** in der qualitativen Forschung einzusetzen. Hierbei sollen kommunikative Strategien zur Validierung der Datenerhebung, der Ergebnisse oder der Vorgehensweise genutzt werden. In diesem Kontext bieten sich unterschiedliche Möglichkeiten der Kommunikation. Zum einen können im Nachgang die Themen mit den Interviewten besprochen werden, zum anderen kann ein Austausch mit neutralen Beobachtern oder unter Hinziehung von Experten erfolgen. Kritisch zu prüfen ist hierbei bspw. dass die Konfrontation der Befragten mit der Interpretation ihrer Aussagen durch den Interviewer irritierend wirkt. (Flick, 2014, S. 413–415) Bestärken die Befragten die erhobenen Befunde, kann hiermit das Ergebnis zusätzlich abgesichert werden. (Hussy, Schreier & Echterhoff, 2013, S. 25) Bzgl. der Experten ist anzumerken, dass dies kein quantitatives Messinstrument darstellt, da nicht definiert ist, wie umfassend die Zustimmung sein muss, damit eine Validität gegeben ist bzw. was bei widersprüchlichen Aussagen zu tun ist. (Flick, 2014, S. 413–415)

3.2.3 Triangulation

Unter der **Triangulation** versteht man allgemein, dass der Forschungsansatz erweitert wird und dabei ein Forschungsgegenstand mit unterschiedlichen Methoden oder aber von mehreren Wissenschaftlern untersucht wird. D.h. die Triangulation bezieht sich darauf, mit weiteren Maßnahmen Gemeinsamkeiten und Widersprüche in den Ergebnissen der qualitativen Forschung aufzudecken. (Flick, 2014, S. 418)

In einem empirischen Forschungsprozess kann ein und dieselbe Fragestellung dementsprechend mit unterschiedlichen Methoden untersucht werden, um an-

schließend die Ergebnisse miteinander zu vergleichen. Es handelt sich um unterschiedliche Lösungswege, in denen verschiedene Perspektiven miteinander
verknüpft werden. Ein Vorteil hierbei ist es, Stärken und Schwächen der jeweiligen Methode zu erkennen und wie ein Puzzle zu einem Ergebnis zusammenzu-
fügen. Ggf. lassen sich auch qualitative und quantitative Methoden miteinander
kombinieren. (Hussy, Schreier & Echterhoff, 2013, S. 25-26)

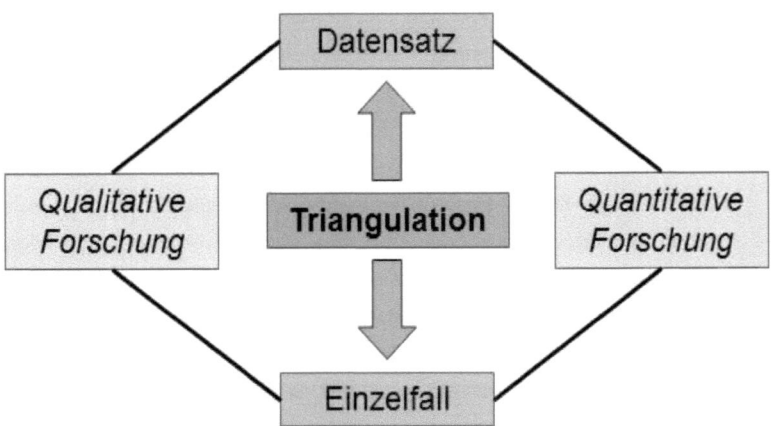

Abbildung 5: Ebenen der Triangulation in der Forschung
(Quelle: Eigene Darstellung in Anlehnung an Mikos & Wegener, 2017, S. 24)

Der Wissenschaftler Denzin hat 1970 den Begriff der Triangulation in die qualitative Forschung eingebracht. Er unterscheidet dabei zwischen vier Formen: (Denzin, 1970, S. 300-310)

1. *Methodologische Triangulation*: Diese lässt sich innerhalb einer Methode an-
wenden, d.h. es werden bspw. unterschiedliche Zugänge in einer Methode kombiniert. Es können hierbei bspw. Experteninterviews mit episodischen Interviews
gemeinsam zur Anwendung kommen.

2. *Daten-Triangulation*: Hierbei werden Daten oder Datensätze miteinander kombiniert. Sie stammen aus unterschiedlichen Quellen und wurden zu unterschiedlichen Zeitpunkten oder an unterschiedlichen Orten oder mit unterschiedlichen
Probandengruppen erhoben. Darüber hinaus kann man auch bereits existierende
Daten oder Dokumente miteinbeziehen.

3. *Investigator-Triangulation:* Bei dieser Form arbeiten mehrere Forschende zusammen an der Durchführung von Beobachtungen oder Interviews. Hierbei werden subjektive Einflüsse des jeweiligen Wissenschaftlers aufgedeckt und ggfs. ausgeglichen. Sinnvoll ist dies vor allem dann, wenn die Forschenden unterschiedliche Hintergründe mitbringen.

4. *Theorien-Triangulation:* Hierbei werden unterschiedliche Theorien zugrunde gelegt, sodass die Annäherung an den Forschungsgegenstand aus unterschiedlichen Perspektiven erfolgt.

Zusammenfassend lässt sich feststellen, dass die Triangulation die Berücksichtigung und Erfassung von Diversität bzw. Widersprüchlichkeit im Forschungsgegenstand abbildet. Die Anwendung ist daher besonders bei Abweichungen untereinander sinnvoll einsetzbar und weniger, wenn eine Methode bzw. Forschender den anderen nur bestätigt. (Flick, 2014, S. 419)

3.2.4 Regelgeleitetheit

Obwohl eine gewisse Offenheit dem Untersuchungsgegenstand, sowie einer eventuell notwendigen Modifikation der Analyseschritte gegenüber hilfreich ist, darf die Untersuchung keinesfalls in einer unsystematischen Vorgehensweise resultieren. D.h. die Untersuchung sollte **Regeln folgen.** (Hussy, Schreier & Echterhoff, 2013, S. 25) Der Forschungsprozess sollte hierbei regelgeleitet und somit intersubjektiv überprüfbar sein. Diese Regeln basieren im Optimalfall auf psychologischen und linguistischen Theorien des alltäglichen Textverständnisses. (Mayring & Fenzl, 2014, S. 543)

3.2.4 Argumentative Interpretationsabsicherung

Interpretationen sind im qualitativen Forschungsprozess vor allem bei der Auswertung qualitativ orientierter Untersuchungen von zentraler Bedeutung. Aus diesem Grund müssen diese sorgfältig und ausführlich argumentativ begründet werden. (Hussy, Schreier & Echterhoff, 2013, S. 25) Diese argumentative Interpretationsabsicherung sollte sich über den gesamten Forschungsprozess erstrecken, d.h. die Erhebung und Analyse der Daten sollten nachvollziehbar sein und argumentativ begründet werden.

4. Güte der qualitativen Inhaltsanalyse

Bei der qualitativen Inhaltsanalyse handelt es sich um eine Auswertungsmethode, die sich auf Texte bezieht und auf Basis der quantitativen Inhaltsanalyse arbeitet. Somit lassen sich auch große Datenmengen bewältigen. Die Daten daraus lassen sich bspw. in einer sozialwissenschaftlichen Forschungsarbeit auswerten. (Mayring & Fenzl, 2014, S. 543) Die Inhaltsanalyse hat das Ziel, protokollierte Inhalte von Kommunikation anhand einer standardisierten Methode zu analysieren. (Ornau, 2014, S. 7) Im ersten Schritt erfolgt die Reduktion des Materials, sodass die wesentlichen Inhalte erhalten bleiben. Die Selektionskriterien hierfür werden im Vorfeld festgelegt. Im Anschluss werden die relevanten Textstellen paraphrasiert und in einem mehrstufigen Prozess in Kategorien eingeteilt. Dabei bezeichnet eine Kategorie einen Begriff oder ein Satz, der häufig aus dem Text extrahiert wurde. Findet man nun Textabschnitte mit einer ähnlichen Bedeutung, so erfolgt die Zuordnung in dieselbe Kategorie. Bei Textstellen, die nicht einer der gebildeten Kategorien zugeordnet werden können, bildet man eine neue Kategorie. Im letzten Schritt erfolgt die Interpretation des Kategoriensystems, indem die Fragestellungen mit Hilfe der Kategorien und auf der Grundlage der Theorie beantwortet werden. (Ramsenthaler, 2013, S. 30) Um die qualitative Inhaltsanalyse zu einem anerkannten Forschungswerkzeug werden zu lassen, muss sie sich den Gütekriterien stellen. (Grimmer & Neukom, 2009, S. 44)

Da die qualitative Inhaltsanalyse auf einer sehr detaillierten Dokumentation des gesamten Prozesses basiert, ist das Gütekriterium der **Verfahrensdokumentation** hier ausreichend erfüllt. Es findet im Vorfeld eine festgelegte Beschreibung des theoretischen Hintergrundes, der Fragestellung, der Datengrundlage und Methodik statt, sodass der Verlauf intersubjektiv jederzeit nachvollziehbar ist. (Breuer, 2010, S. 45) Konkret handelt es sich um einen Vorgang der dokumentierten, qualitativ-methodischen Auswertung bzw. Interpretation eines Textes von

sozialen Phänomenen oder Ereignissen. Bei der methodischen Prozedur der Inhaltsanalyse ist der Code bzw. die Kategorie bereits im Vorfeld eingegrenzt.
(Breuer, 2010, S. 41-42)

Bei der **kommunikativen Validierung** werden die Ergebnisse und Interpretationen üblicherweise im Nachgang zur Untersuchung mit dem Befragten oder Experten thematisiert. Diese Art der Rückkopplung kann eingesetzt werden, ist aber
nicht entscheidend von der Methode der qualitativen Inhaltsanalyse abhängig.
(Grimmer & Neukom, 2009, S. 46) Bei der qualitativen Inhaltsanalyse handelt es
sich um einen so genannten Mixed-Methods-Ansatz, der im Wesentlichen auf
Denzins Ansatz der **Triangulation** basiert. Dieser hat die unterschiedlichen Mo-
delle qualitativer und quantitativer Analyseschritte kombiniert. Hierdurch werden
induktive und deduktive Analysevorgänge, wie auch quantitativ-generalisierende
Vorgehensweisen ermöglicht. (Mayring & Fenzl, 2014, S. 551) Das Kriterium der
Triangulation umfasst ein weites Spektrum an Möglichkeiten, indem verschiedene Methoden, Wissenschaftler, Samplings und Setting kombiniert werden können. (Grimmer & Neukom, 2009, S. 46) In Bezug auf die Methoden ist bei der
qualitativen Inhaltsanalyse die Kombination aus qualitativem und quantitativem
Vorgehen gegeben, dadurch ist das Kriterium hier erfüllt. Die Ausprägung im Hinblick auf Probanden, Setting und Wissenschaftlern ist wiederum eine Frage des
konkreten Projektes. Bedingt durch den vorab definierten Ablauf der qualitativen
Inhaltsanalyse ist die Methode nachvollziehbar. In diesem Zusammenhang bedeutet Triangulation ein Vergleich der ausgewerteten Ergebnisse mit denen anderer Studien. (Ramsenthaler, 2013, S. 25) Die **Regelgeleitetheit** stellt das zent-
rale Gütekriterium der qualitativen Inhaltsanalyse dar. Es findet ein einheitliches
Vorgehen der Wissenschaftler nach klar definierten Regeln statt. (Grimmer &
Neukom, 2009, S. 45) Die einzelnen Arbeitsschritte einer qualitativen Inhaltsanalyse sind im Vorfeld definiert und können somit nachvollzogen werden. Die drei
Grundaspekte der qualitativen Inhaltsanalyse sind die Zusammenfassung, die
Explikation und sie Strukturierung. Im Rahmen der Zusammenfassung wird das
Datenmaterial so reduziert, dass die wesentlichen Inhalte zum Vorschein kommen (Grimmer & Neukom, 2009, S. 42), es folgt eine Interpretation. Die **argumentative Interpretationsabsicherung** spielt im Zusammenhang mit dem inter-
pretativen Arbeitsschritt der Kodierung von Kategorien eine zentrale Rolle. Zusätzlich findet im Rahmen der Endauswertung bzw. -analyse eine Interpretation

der vorliegenden Daten statt. Prinzipiell ist die qualitative Inhaltsanalyse darauf ausgerichtet, Inhalte automatisch Kategorien zuzuordnen. Falls die Zuordnung nicht eindeutig vorzunehmen ist, muss im Falle der argumentativen Interpretationsabsicherung die Zuordnung begründet werden. Auch in der abschließenden Analyse muss die Interpretation belegbar und nachvollziehbar sein. (Grimmer & Neukom, 2009, S. 45)

Literaturverzeichnis

Akremi, L. (2014). Stichprobenziehung in der qualitativen Sozialforschung. In N. Baur & J. Blasius (Hrsg.), *Handbuch Methoden der empirischen Sozialforschung* (S. 265–297). Wiesbaden: Springer VS.

Atteslander, P. & Kneubühler, H.-U. (1975). *Verzerrungen im Interview. Zu einer Fehlertheorie der Befragung* (Studien zur Sozialwissenschaft, Bd. 32). Wiesbaden: VS Verlag für Sozialwissenschaften. https://doi.org/10.1007/978-3-322-88724-5

Baur, N. & Blasius, J. (Hrsg.). (2014). *Handbuch Methoden der empirischen Sozialforschung*. Wiesbaden: Springer VS. https://doi.org/10.1007/978-3-531-18939-0

Bortz, J. & Döring, N. (2006). *Forschungsmethoden und Evaluation. Für Human- und Sozialwissenschaftler ; mit 87 Tabellen* (Springer-Lehrbuch Bachelor, Master, 4., überarb. Aufl., [Nachdr.]). Heidelberg: Springer-Medizin-Verl.

Breuer, F. (2010). Wissenschaftstheoretische Grundlagen qualitativer Methodik in der Psychologie. In G. Mey & K. Mruck (Hrsg.), *Handbuch Qualitative Forschung in der Psychologie* (1. Aufl., S. 35–49). s.l.: VS Verlag für Sozialwissenschaften (GWV).

Brosius, H.-B., Haas, A. & Koschel, F. (2012). *Methoden der empirischen Kommunikationsforschung. Eine Einführung* (Studienbücher zur Kommunikations- und Medienwissenschaft, 6., erw. und aktualisierte Aufl.). Wiesbaden: Springer VS. https://doi.org/10.1007/978-3-531-94214-8

Denzin, N. K. (1970). *The research act. A theoretical introd. to sociological methods* (Methodological perspectives, 2. print). Chicago: Aldine.

Personalauswahl kompetent gestalten. Grundlagen und Praxis der Eignungsdiagnostik nach DIN 33430. (2018). Berlin, Heidelberg: Springer. https://doi.org/10.1007/978-3-662-53772-5

Flick, U. (2014). Gütekriterien qualitativer Sozialforschung. In N. Baur & J. Blasius (Hrsg.), *Handbuch Methoden der empirischen Sozialforschung* (S. 411–424). Wiesbaden: Springer VS.

Grimmer, B. & Neukom, M. (Hrsg.). (2009). *Coaching und Psychotherapie. Gemeinsamkeiten und Unterschiede - Abgrenzung oder Integration?* (1. Aufl.). Wiesbaden: VS Verlag für Sozialwissenschaften / GWV Fachverlage GmbH Wiesbaden. https://doi.org/10.1007/978-3-531-91897-6

Grimmer, B. & Neukom, M. (2009). Coaching und Psychotherapie: Eine qualitative Interviewstudie. In B. Grimmer & M. Neukom (Hrsg.), *Coaching und Psychotherapie. Gemeinsamkeiten und Unterschiede - Abgrenzung oder Integration?* (1. Aufl., S. 35–56). Wiesbaden: VS Verlag für Sozialwissenschaften / GWV Fachverlage GmbH Wiesbaden.

Helfferich, C. (2014). Leitfaden- und Experteninterviews. In N. Baur & J. Blasius (Hrsg.), *Handbuch Methoden der empirischen Sozialforschung* (S. 559–574). Wiesbaden: Springer VS.

Hussy, W., Schreier, M. & Echterhoff, G. (2013). *Forschungsmethoden in Psychologie und Sozialwissenschaften für Bachelor* (Springer-Lehrbuch, 2., überarbeitete Auflage). Berlin: Springer. https://doi.org/10.1007/978-3-642-34362-9

Mayring, P. & Fenzl, T. (2014). Qualitative Inhaltsanalyse. In N. Baur & J. Blasius (Hrsg.), *Handbuch Methoden der empirischen Sozialforschung* (S. 543–558). Wiesbaden: Springer VS.

Mey, G. & Mruck, K. (Hrsg.). (2010). *Handbuch Qualitative Forschung in der Psychologie* (1. Aufl.). s.l.: VS Verlag für Sozialwissenschaften (GWV).

Mikos, L. & Wegener, C. (Hrsg.). (2017). *Qualitative Medienforschung. Ein Handbuch* (utb-studi-e-book, Bd. 8314, 2., völlig überarbeitete und erweiterte Auflage). Konstanz: UVK Verlagsgesellschaft mbH; UVK Lucius.

Möhring, W. & Schlütz, D. (2010). *Die Befragung in der Medien- und Kommuni-kationswissenschaft. Eine praxisorientierte Einführung* (Lehrbuch, 2., überar-beitete Auflage). Wiesbaden: VS Verlag für Sozialwissenschaften / GWV Fachverlage GmbH Wiesbaden. https://doi.org/10.1007/978-3-531-92421-2

Ornau, F. (2014). *Inhaltsanalyse. 1. Auflage*. SRH Fernhochschule Riedlingen, Riedlingen.

Patrzek, A. (2017). *Systemisches Fragen. Professionelle Fragetechnik für Füh-rungskräfte, Berater und Coaches* (essentials, 2. Auflage). Wiesbaden: Sprin-ger Gabler. https://doi.org/10.1007/978-3-658-15852-1

Ramsenthaler, C. (2013). Was ist „Qualitative Inhaltsanalyse?". In M. Schnell, C. Schulz, H. Kolbe & C. Dunger (Hrsg.), *Der Patient am Lebensende* (S. 23–42). Wiesbaden: Springer Fachmedien Wiesbaden. https://doi.org/10.1007/978-3-531-19660-2_2

Reinhardt, R. (2013). *Empirische Sozialforschung. 1. Auflage*. Studienbrief. SRH Fernhochschule Riedlingen, Riedlingen.

Reinhardt, R. & Ornau, F. (2015). *Interviewtechnik. 2. Auflage*. Studienbrief. SRH Fernhochschule Riedlingen, Riedlingen.

Rogall, D. (2000). *Kundenbindung als strategisches Ziel des Medienmarketing. Entwicklung eines marketingorientierten Konzeptes zur Steigerung der Le-serbindung am Beispiel lokaler/regionaler Abonnementzeitungen*. Zugl.: Mar-burg, Univ., Diss., 2000. Marburg: Tectum-Verl.

Schnell, M., Schulz, C., Kolbe, H. & Dunger, C. (Hrsg.). (2013). *Der Patient am Lebensende*. Wiesbaden: Springer Fachmedien Wiesbaden. https://doi.org/10.1007/978-3-531-19660-2

Strobel, A., Franke-Bartholdt, L., Püttner, I. & Kersting, M. (2018). Eignungsin-terviews/direkte mündliche Befragungen. In *Personalauswahl kompetent ge-stalten. Grundlagen und Praxis der Eignungsdiagnostik nach DIN 33430* (S. 65–94). Berlin, Heidelberg: Springer.

Strübing, J., Hirschauer, S., Ayaß, R., Krähnke, U. & Scheffer, T. (2018). Güte-kriterien qualitativer Sozialforschung. Ein Diskussionsanstoß. *Zeitschrift für Soziologie, 47,* 83–100. https://doi.org/10.1515/zfsoz-2018-1006

Treier, M. & Uhle, T. (2016). *Einmaleins des betrieblichen Gesundheitsmanage-ments. Eine Kurzreise in acht Etappen zur gesunden Organisation* (essen-tials, 1. Auflage). Wiesbaden: Springer. https://doi.org/10.1007/978-3-658-12047-4

Züll, C. & Menold, N. (2014). Offene Fragen. In N. Baur & J. Blasius (Hrsg.), *Handbuch Methoden der empirischen Sozialforschung* (S. 713–720). Wies-baden: Springer VS.

Anhang: Leitfaden

Projekt:

„Kundenbindung bei Abonnementzeitungen"

Interview-Leitfaden

Einstieg

Guten Tag Frau _____, bzw. Herr _____,

vielen Dank, dass Sie sich die Zeit für das Interview nehmen.

Mein Name ist Sophie Bergmann und ich studiere aktuell im Studiengang „Prävention und Gesundheitspsychologie" an der Fernhochschule Riedlingen.

Im Rahmen einer wissenschaftlichen Arbeit untersuche ich die Kundenbindung bei Zeitungen, wozu ich Sie gerne im Rahmen eines Interviews befragen möchte. Dabei ist eine Gesprächsdauer von ungefähr 45 bis 50 Minuten geplant. Ich werde Ihnen verschiedene Fragen stellen, die Sie ganz offen beantworten können. Es ist ausreichend Zeit vorhanden, berichten Sie gerne alles, was Sie zu den jeweiligen Themen für relevant erachten. Geben Sie mir bei Unsicherheiten oder Unklarheiten gerne direkt Rückmeldung.

Wenn Sie einverstanden sind, würde ich Ihre Aussagen in Form einer Tonbandaufzeichnung erfassen. Die Daten werden anschließend anonymisiert und für die wissenschaftliche Untersuchung verwendet.

Das Interview wird aus einem formellen Teil und einem speziellen Teil bestehen. Im formellen Teil werde ich Sie kurz nach Ihren persönlichen Daten fragen, während im speziellen Teil Ihre Einschätzung zu den jeweiligen Themen der Zeitung erfolgt. In diesem Zusammenhang möchte ich Sie noch einmal auf die vertrauliche Verwendung der Informationen hinweisen. Auch die neuen Bestimmungen zur Datenschutzgrundverordnung werden gewahrt. Hierzu bitte ich Sie, die untenstehende Erklärung zu unterzeichnen.

Gibt es bis hierher von Ihrer Seite noch offene Fragen?

Einwilligung zur Erhebung und Verarbeitung personenbezogener Daten für Forschungszwecke

Hiermit willige ich ein, dass im Rahmen des genannten Forschungsvorhabens „Kundenbindung bei Abonnementzeitungen" Daten meiner Person erhoben und ausgewertet werden. Über die Art und den Umfang von Ergebung und Auswertung wurde ich informiert.

_____

Datum & Unterschrift (*Vorname, Nachname*)

Formaler Teil

Dem eigentlichen Fragenkatalog sind nun einige Fragen zu Ihrem Hintergrund vorangestellt.

- Wie alt sind Sie?
- Bitte nennen Sie Ihr Geschlecht!
- Wie lautet Ihr höchster Schulabschluss?
- Wie ist Ihr Familienstand?
- Sind Sie aktuell berufstätig? Wenn ja, welchen Beruf üben Sie aus?
- Haben Sie Kinder? Wenn ja, wie viele?
- Wie lautet Ihr Wohnort?
- Seit wann beziehen Sie die Tageszeitung im Abonnement?

Datum: _____

Uhrzeit: _____

Ort: _____

Dimension 1: Habituelle Mediennutzung

Dieser Abschnitt beschäftigt sich mit Ihrem Verhalten bezüglich der Mediennutzung.

Wann und wo lesen Sie Ihre Zeitung? Beschreiben Sie Ihr Leseritual.

(Indikatoren: Zeitungslesen als Gewohnheit. Bestimmte Lesesorte, Bestimmte Lesezeiten)

Würden Sie Ihre Zeitung vermissen, wenn Sie sie nicht erhalten? Wie schätzen Sie Ihre Umgewöhnungsdauer auf eine andere Zeitung ein?

(Indikator: Vermissen der Zeitung im Tagesablauf, Umgewöhnungsdauer bei Produktwechsel)

Wie gehen Sie bei Lesen vor? Gibt es eine feste Reihenfolge und Priorisierung, in der Sie die Artikel lesen?

(Indikatoren: Bestimmte Lesereihenfolge, Bestimmte Leserubriken/- abschnitte, Nichtlesen bestimmter Teile)

Wie wichtig ist es Ihnen, einen schnellen Überblick zu erlangen?

(Indikatoren: Schnellere Informationsfindung, Wunsch nach schnellem Überblick)

Dimension 2: Variety Seeking

Dieser Abschnitt beschäftigt sich mit dem Abwechslungsuchenden Verhalten von Abonnenten.

Verspüren Sie den Wunsch nach Abwechslung in Ihrem Abonnement?

(Indikatoren: Langeweile durch Langzeitabonnement, täglich neue Informationen/Nachrichten)

Kommen Neuerscheinungen oder der Bezug weiterer Probeabonnements für Sie in Frage? Begründen Sie kurz.

(Indikatoren: Ausprobieren von Neuerscheinunqen, Bezug weiterer Probeabonnements)

Nutzen Sie regelmäßig weitere Medien oder andere Zeitungen? Wenn ja, welche?

(Indikatoren: Nutzung anderer Medien, Bezug weiterer Zeitungen)

Dimension 3: Soziale Wechselhemmnisse

Dieser Abschnitt beschäftigt sich mit der Beeinflussung des Verhaltens durch das soziale Umfeld.

Gibt es in Ihrem Umfeld Personen, die die Zeitschrift ebenfalls im Abonnement beziehen?

(Indikatoren: Abo als Familientradition, Abonnement im Freundeskreis üblich)

Welchen regionalen Stellenwert hat die Zeitung für Sie?

(Indikatoren: Zeitung als Verbindung zur Region, Zeitung als Symbol für die Region, Interesse an Lokalpolitik, Engagement in Lokalpolitik)

Welche Risiken sehen Sie darin, kein Abonnement zu beziehen?

(Indikatoren: Zeitungslesen als gesellschaftliche Partizipation, Gefahr, ohne Zeitung benachteiligt zu sein, Gefahr, ohne Zeitung als ungebildet zu gelten)

Dimension 4: Ökonomische Wechselhemmnisse

Dieser Abschnitt beschäftigt sich mit dem finanziel!en Aspekt in Bezug auf ein
Abonnement

Würden Sie das Abonnement gerne wechseln? Was spricht aus Ihrer Sicht dafür und was dagegen?

(Indikatoren: Aufwand für Abonnementwechsel, Kosten für Abonnementwechsel, Preis der Zeitung kein Wechselargument)

Wie beurteilen Sie das Preis-Leistungs-Verhältnis der Zeitung?

(Indikator: Beurteilung Preis- Leistungsverhältnis)

Wie wichtige erachten Sie Treuevorteile und würden Sie diese in Anspruch nehmen?

(Indikatoren: Wunsch nach Treuevorteilen, Wahrnehmung von Treuevorteilen)

Wie gehen Sie vor, wenn es Grund zur Beschwerde gibt?

(Indikatoren: Wichtigkeit von Beschwerdekanälen, Beschwerdeabsicht vor Kündigung, Kenntnis der Beschwerdekanäle)

Dimension 5: Produktfunktionen und -eigenschaften

Dieser Abschnitt beschäftigt sich mit der Erfüllung der Produktfunktionen Ihrer Zeitung.

Welche Funktionen vereint die Zeitung Ihrer Meinung nach?

(Indikatoren: Informationsfunktion, Orientierungsfunktion, Instrumentelle Funktion, Selektionsfunktion, Integrationsfunktion, Kulturfunktion, Entspannung-/Unterhaltungsfunktion)

Stellt die Zeitung aus Ihrer Sicht einen Markenartikel dar?

(Indikator: Wahrnehmung der Zeitung als Markenartikel)

Welche Eigenschaften verbinden Sie mit der Zeitung?

(Indikatoren: Übersichtlichkeit, Handhabbarkeit, Ausführlichkeit, Objektivität, Verständlichkeit, Oberflächlichkeit, Lesernähe, Farbigkeit, Interessantheit, Sachlichkeit, Modernität, Optimismus, Glaubwürdigkeit, Aktualität)

Dimension 6: Kundenzufriedenheit

Dieser Abschnitt beschäftigt sich mit der Zufriedenheit des Kunden mit der Zeitung und des Abonnements.

Wie beurteilen Sie Ihre Gesamtzufriedenheit mit der abonnierten Zeitung?
Bitte bewerten Sie diese anhand des Schulnotensystems: 1= sehr gut, 2 = gut, 3= befriedigend, 4= ausreichend, 5= mangelhaft, 6= ungenügend
(Indikator: Globale Zufriedenheit)

Mit welchen Teilen der Zeitung sind Sie besonders zufrieden oder eher unzufrieden? Bitte nennen Sie diese und bewerten sie ebenfalls anhand des Schulnotensystems.
(Indikator: Partielle Zufriedenheit)

Abschluss

Wir sind nun am Ende des Interviews angelangt. Gibt es von Ihrer Seite noch offene Fragen oder Ergänzungen? Gerne können Sie mich diesbezüglich auch noch im Nachgang per Mail oder telefonisch kontaktieren. Ich möchte mich noch einmal herzlich für Ihre Bereitschaft zu diesem Interview bedanken!

BEI GRIN MACHT SICH IHR WISSEN BEZAHLT

- Wir veröffentlichen Ihre Hausarbeit, Bachelor- und Masterarbeit

- Ihr eigenes eBook und Buch - weltweit in allen wichtigen Shops

- Verdienen Sie an jedem Verkauf

Jetzt bei www.GRIN.com hochladen
und kostenlos publizieren